54
Lb 516.

PÉTITION

ADRESSÉE

A L'ASSEMBLÉE NATIONALE

PAR LA COMMISSION

DES ENTREPRENEURS DE LA MENUISERIE DE PARIS

Nommée dans la Séance du 16 mars 1848.

———◆———

PARIS

IMPRIMERIE CENTRALE DES CHEMINS DE FER DE NAPOLÉON CHAIX ET Cⁱᵉ,

Rue Bergère, 8, près le boulevart Montmartre.

1848.

AUX CITOYENS

REPRÉSENTANTS DE LA NATION.

Citoyens représentants,

Le 12 mars 1848, la Commission du Luxembourg rendait un décret qui enjoignait à l'industrie et au commerce de nommer dans chaque profession trois délégués pour s'entendre avec les ouvriers sur leurs communs intérêts.

La menuiserie de Paris, dans une assemblée générale du 16 courant, nous confia l'honneur de la représenter, et nous adjoignit une commission de trente membres pour nous aider à élaborer un travail, tant sur les besoins des ouvriers et patrons que sur ce qu'il y aurait à faire pour ramener la concorde et l'union parmi nous.

Nous avons l'honneur, Citoyens, de vous présenter ce Mémoire, résultat de nos travaux, dans lequel nous avons signalé les causes du mal, les moyens que nous avons pensé équitables pour y remédier, laissant à votre sagesse le soin d'en apprécier les motifs.

De la diminution de la journée.

La journée de dix heures nous a paru juste dans notre profession; car il est en usage dans le bâtiment de ne faire que ce temps. Cette heure facilitera l'ouvrier studieux à apprendre le dessin, base de notre profession.

Il est seulement à regretter que le décret n'ait été mis à exécution que quelques mois après son apparition ; cela eût donné le temps aux travaux en train de s'achever, quand, au contraire, ce surcroît d'augmentation sur les façons a paralysé les affaires, et n'a été que préjudiciable aux intérêts des patrons, sans profit pécunier pour le travailleur. Toutefois, ce dixième d'augmentation sur les façons exige la révision des prix à payer aux entrepreneurs.

Augmentation de la journée.

En demandant une augmentation de salaire, nous reconnaissons tout d'abord la justice qu'il y aurait à l'accorder à l'ouvrier menuisier; car que gagne-t-il aujourd'hui? 3 fr. 50, c'est-à-dire, à quelques centimes près, la journée d'un manœuvre; et pourtant il a fallu à l'ouvrier un peu habile un apprentissage long et fatigant et l'étude du dessin, qui est la clef de cette partie. Peut-il élever sa famille avec cette journée? Nous ne le croyons pas, surtout quand on pense à la perte, casse, usure des outils nombreux qu'il est obligé de se fournir, ce qui ne met guère sa journée à plus de 3 fr. 25. Si l'on veut actuellement connaître combien sa journée lui rapporte, il suffira de jeter un coup-d'œil sur l'exemple suivant :

L'année a 365 jours, sur lesquels il faut déduire 52 dimanches, vu qu'il y en a d'employés en demi-journées; il faut encore ôter vingt autres journées pour les courts jours d'hiver, et il restera 313 jours à 3 fr. 25, ce qui donne 1,017 fr. à diviser entre 365 jours; il en résulte qu'un ouvrier qui aurait travaillé toute l'année sans manquer un instant, même les dimanches employés en demi-journées, aura gagné 2 fr. 75 par jour, et si l'on déduit actuellement les chômages inévitables, fêtes, maladies, etc., etc., que lui reste-il? C'est pénible à penser !...

Il est donc de toute justice de lui accorder une augmentation, et nous serions tout disposés à le faire; mais cela ne peut avoir lieu qu'en révisant les prix qui servent à payer nos travaux et dont le besoin se fait sentir depuis plusieurs années.

La menuiserie n'est pas une marchandise que l'acheteur palpe, examine et débat avec le fournisseur ; ce n'est qu'une fois fournie, que des vérificateurs plus ou moins capables appliquent aux mémoires des prix plus ou moins équitables, surtout depuis quelques années où une série de prix prônés par l'administration est passée aux yeux de ces messieurs pour un juge souverain. Nous demandons donc qu'une commission de révision s'occupe de cette question, qui est vitale pour les patrons et ouvriers, d'autant plus juste qu'il faut d'une part augmenter la journée et calculer les façons sur les dix heures de travail.

Nous basant sur les journées des ouvriers en bâtiment, nous proposerions le prix de 4 fr. pour la journée ordinaire ; ce qui nous a semblé raisonnable, surtout si l'on parvient à lui rendre la vie moins coûteuse.

Du Marchandage.

La question du piéçage ou marchandage, sous quel nom on veut le désigner, a pris depuis quelque temps une telle importance, qu'à entendre certaines personnes, de son abolition ou de sa conservation dépend le sort de l'industrie. Nous ne sommes, heureusement, pas tout-à-fait de cet avis. La question est sans doute intéressante, mais pas au point où on la met. Le vrai marchandage, celui qui fait le plus de mal, celui qui a jeté le plus de perturbation, de vénalité, et, par le fait, de misère, n'est pas celui qui existe entre les patrons et les ouvriers. Il faut pour le rencontrer regarder plus haut. L'un est bien la conséquence de l'autre, mais c'est au cœur qu'il faut s'adresser et non au bras. Le marchandage est dans cette concurrence, immorale, ruineuse, prenant toutes les affaires quand même, et que, dans l'entreprise du bâtiment, on désigne sous la dénomination d'*entreprise générale* ; cumul affreux et d'autant plus déplorable, que celui qui le pratique peut par le payement d'une patente exploiter et obtenir les bénéfices de quinze à dix-huit professions dont se compose le bâtiment. Le marchandage est aussi dans le mode des travaux publics adopté par le gouvernement ; moyen d'autant plus vénal, que c'est l'Etat, c'est-à-dire le cœur de la société, qui donne cet exemple. Nous parlerons davantage sur ce sujet quand nous en serons à cet article. Notre but a été de faire connaître succinctement que le vrai marchandage à abolir, le véritable exploiteur d'hommes, ne gît pas dans ce piéçage entre patrons et ouvriers, et que si ce dernier est arrivé à la vénalité, ce n'est que la conséquence de l'immoralité du premier.

Ce serait une erreur si l'on examinait sous le même point de vue le marchandage pour toutes les professions. Les uns n'occupent que des jeunes gens pas assez capables pour être livrés à eux-mêmes ; d'autres, au contraire, occupent les meilleurs ouvriers de leurs parties, et les rétribuent davantage. Nous répétons que supprimer ou améliorer le marchandage également pour tous, serait une faute.

Menuisiers, et quoique nos besoins soient à peu près ceux de tout le bâtiment, nous ne parlerons que de nous, laissant à chacun à voir ce qu'il convient d'appliquer dans son état.

La menuiserie exige non-seulement une certaine force physique, mais demande encore une certaine habileté de main et de coup d'œil que l'on ne peut acquérir que par une longue pratique ; elle exige aussi une connaissance approfondie d'un dessin spécial, qui finit par constituer le bon ouvrier, et le met à même d'exercer utilement sa profession.

Il est très rare de voir un jeune homme de seize à dix-sept ans qui termine son apprentissage, être capable, à moins d'être doué d'une intelligence exceptionnelle. La loi commune est qu'à la fin de l'apprentissage, le jeune homme n'est encore qu'ébauché, et très-éloigné du degré de capacité qu'il doit acquérir pour être un bon ouvrier. Ce n'est guère qu'entre vingt et vingt-cinq ans qu'il est apte, quand il a voulu travailler, à remplir ces conditions. Il a donc besoin, pendant cet intervalle de six à sept ans, de faire de bons travaux, de voir les diverses manières de les exécuter habilement. Ces années se passent à travailler sous marchandeurs ; c'est un surcroît d'apprentissage rétribué. Le marchandeur est l'ouvrier le plus intelligent ; c'est le but que tous les jeunes gens laborieux cherchent à atteindre ; c'est l'école pour arriver à devenir patron ; c'est, en un mot, l'émulation du métier. Malheureusement, dans ces derniers temps, une foule d'incapacités ont été admis comme marchandeurs dans les chantiers, et n'ont pas hésité, pour être maintenus dans cette condition, à souscrire des rabais énormes dans les façons; et de certains patrons, spéculant sur ces rabais et sur de mauvais matériaux, ont fait une guerre à outrance à celui qui, plus sensé, ne les a pas suivis dans cette voie funeste; et il est résulté de cette concurrence déloyale, toute de fraude et de concussion, des procès qui ont conduit à leur ruine et à leur déshonneur la plupart de ces grands faiseurs de rabais. Les propriétaires ont été déçus dans leurs calculs de bon marché par les pertes de temps et la mauvaise confection de leurs travaux. Toutefois, et malgré cette soif d'affaires, ces leçons n'ont pas été perdues et ont servi à considérer l'homme que la prudence n'avait pas jeté dans cette fausse voie.

C'est donc principalement au mauvais marchandeur qu'il faudrait s'en prendre de cette spéculation établie sur la sueur du travailleur; le marchandage serait donc une bonne chose si la spéculation ne pouvait l'atteindre. Dans la menuiserie il existe deux camps d'*ouvriers*: les uns ne voulant pas du marchandage, les autres désirant qu'il continue. Nous allons tâcher de démontrer ce que la suppression ou la continuation du marchandage peut amener, et ce que nous avons pensé qu'il y aurait à faire dans ce conflit.

Nous regretterions vivement que quelques-uns de nos ouvriers se blessassent de nos paroles; nous avons généralisé et nous avons indiqué le mal comme nous le pensions; ne blâmant ni n'approuvant personne, nous avons cherché à mettre la plaie à nu, heureux si nous avons dessillé les yeux à quelques aveugles.

La plupart des ouvriers qui ne veulent pas du marchandage sont des jeunes gens aimant plutôt leurs plaisirs que le travail, et qui, n'ayant pas atteint la dose de capacité suffisante pour pouvoir travailler seuls, ne sont employés que dans des moments de presse, où il n'est pas permis de choisir. Il arrive, malheureusement trop souvent, qu'ils perdent leur jeunesse dans une débauche honteuse, et quand la raison vient, le temps d'apprendre n'est plus. Aussi ils servent, pour la plupart, d'ouvriers de corvée de ville, condition qui répugne à l'ouvrier habile et intelligent.

Quelques patrons, d'un autre côté, ne voulaient pas d'abord du

marchandage, et donnaient pour raison que c'est la vitalité de la concurrence, et que c'est cela qui les empêche de faire des travaux.

Ces confrères ont proposé divers moyens que nous allons examiner.
Ils reconnaissent qu'il est matériellement impossible que dans un
chantier de trente à quarante ouvriers, les patrons qui auraient un
bâtiment ou un magasin un peu considérable pussent arriver, soit
dans la bonne confection, soit dans l'ensemble des travaux, à les
exécuter assez vite et assez bien. Ils ont abandonné ce projet, et ont
proposé que les ouvriers, divisés par quatre, seraient dirigés par d'an-
ciens marchandeurs, qui deviendraient conducteurs de travaux, tra-
ceraient, fourniraient leurs outils, etc.

Une chose qui frappe les yeux dans ce projet n'est-ce pas celui
que tous les ouvriers seraient sous des marchandeurs, lesquels, ayant
une journée fixe, exploiteraient les ouvriers pour le compte des patrons,
tenus qu'ils seraient par la crainte de perdre leurs places, et travailler
dans l'intérêt de celui qui les payerait? D'un autre côté, un schisme
de tous les jours ne surgirait-il pas entre les conducteurs et les ouvriers, qui, pour la moindre difficulté, n'en voudraient plus, et rejet-
teraient sur eux les erreurs qu'ils auraient commises? Ne serait-ce pas
du reste une atteinte à la liberté individuelle? Et quand bien même
l'ouvrier consentirait à être conduit, qui serait responsable des travaux? Ne nous arrive-t-il pas qu'en mettant deux ou trois hommes de
journée ensemble, nous ne pouvons jamais connaître celui qui a commis
une erreur, quand il en existe une? Et si le patron, qui est habitué à
payer une somme pour la façon de tels travaux, voyait sa prévision
dépassée, à qui s'en prendra-t-il? Au conducteur, juge compétent de
ses hommes. Voilà donc les hommes à la merci et aux caprices d'un
seul. Supposons-le honnête, que d'ennemis ne s'attirera-t-il pas! et
comme en définitive il a besoin de ses camarades plus peut-être que
du patron, qu'il peut quitter d'un instant à l'autre, voilà les intérêts du patron sérieusement compromis. Ces raisons, et beaucoup
d'autres, qu'il serait trop long d'énumérer, nous ont fait rejeter un
projet qui nous semble anti-libéral et vicieux dans son ensemble; car
quelle sécurité et quelle garantie de la bonne exécution? Qui établirait
d'une manière équitable la journée du conducteur et de ses hommes?

Comment arriverait-on à faire accorder dans les faux frais la rétribution nécessaire à ces conducteurs? Et si, aujourd'hui, vous venez à prendre le mode de n'occuper que des hommes de journée, quelle sera l'émulation de la jeunesse? Quel patron ayant des travaux un peu importants pourra les surveiller? Et s'ils sont relégués chez ceux qui, faisant peu d'affaires, peuvent en occuper quelques-uns, feront-ils le sacrifice de leur temps *gratis pro Deo?* Non, assurément non! Alors que sera-t-il advenu? que ces jeunes gens, au lieu d'être exploités au profit des marchandeurs, le seront au profit des maîtres ; seulement, ils auront encore perdu ; car, en ne travaillant que dans des petits ateliers, ils ne seront pas susceptibles de faire ou voir exécuter les morceaux plus ou moins considérables qui se font dans les grands. Nous avons dit dès le principe l'avantage que le jeune ouvrier laborieux retirait dans sa jeunesse à travailler avec un marchandeur, ce que nous avons tous fait, et dont nous ne nous sommes pas plus mal trouvé. Il faut dire aussi que le marchandeur capable s'est plutôt donné du mal pour en arriver à jouir de sa liberté d'action que du gain proprement dit que cela pouvait lui rapporter.

Tant qu'aux patrons partisans du marchandage, ils le demandent, parce qu'il est constant pour eux que c'est le seul moyen d'avoir de bons travaux, et que l'avenir et l'émulation des jeunes ouvriers y sont intéressés.

Pour nous, juges impartiaux, qui avons mis tout intérêt personnel de côté, mais qui désirons le bien de tous sans être préjudiciable à aucun, nous nous résumons en un mot : *Liberté illimitée du travail.* Dans une république comme la France, où chacun réclame ses franchises, nous dirons aux adversaires du marchandage : Vous portez une atteinte flagrante à la liberté. Ce serait une erreur, et d'autant plus grave, que nous avons toujours vu qu'à l'oppression on répond par l'extension, et qu'au contraire une chose onéreuse à tous tombe d'elle-même. Nous vous disons donc : Laissez faire. Le marchandage est-il arbitraire? il s'éteindra tout seul. A vous, jeunes gens qui le trouvez inutile, ne lui apportez plus vos bras, travaillez chez les patrons. Vous, marchandeurs, qui le désirez, voyez à le faire avec ou sans compagnons, et la force des choses le fera tomber ou rester inévitablement.

Pour nous, partisans de la liberté du travail, nous admettons le marchandage; mais nous le voulons équitable pour tous, nous ne voulons pas de l'exploitation des jeunes travailleurs. A chacun selon ses œuvres, voilà notre maxime.

Nous proposons qu'une commission de patrons et d'ouvriers soit nommée pour créer un tarif de façon basé sur la journée moyenne d'un ouvrier de journée, dont on fixerait d'abord le prix, et sur la durée de la journée, c'est-à-dire de dix heures de travail. Ce tarif serait le plus clair et le plus concis possible, à seule fin que chaque ouvrier connaisse bien ce qui peut lui être dû; il servirait de base à tous les ouvriers, soit de journée, soit de marchandeurs; car il n'y aurait plus aucun inconvénient à le continuer.

Ce travail serait d'autant plus convenable, qu'il n'y aurait aucun avantage à avoir ou ne pas avoir de marchandeurs, puisqu'il servirait à payer à chaque ouvrier suivant ses capacités.

Ce tarif, appendu dans l'endroit le plus apparent du chantier, servirait de charte et d'arbitre entre tous, et ouvriers et patrons seraient à même de payer ou de recevoir les sommes vraiment gagnées, chacun selon le degré de force ou d'intelligence apporté à ses travaux.

Tout marchandeur serait tenu de payer ses hommes au prix du tarif; il leur retiendrait toutefois une somme de..... sur le montant de leurs journées, laquelle somme serait fixée par la commission chargée faire le tarif. Cette retenue subviendrait aux frais de conduite, d'outils et de responsabilité que le marchandeur apporte dans les travaux et dont il est responsable.

Tout patron ayant fait subir, dans des temps quelconques, à ses ouvriers une réduction sur les prix du tarif adopté serait passible d'une amende de cinq cents francs, laquelle somme serait versée à une caisse de secours destinée aux ouvriers de la profession. Il serait en outre condamné à payer à l'ouvrier aux prix du tarif les travaux que celui-ci lui aurait faits, quand même un marché quelconque aurait été passé entre eux.

Tout marchandeur retenant à un jeune homme au-delà des conditions ci-dessus serait passible de remettre le gain légitime à l'ouvrier, et de plus à une amende de 50 francs au profit de ceux qu'il aurait occupé.

Nous pensons qu'il n'y aurait aucun inconvénient à laisser par ce moyen la liberté du travail ; car la concurrence sur la main-d'œuvre se trouverait éteinte, et en admettant une connivence entre le patron et le marchandeur, ce que nous regardons comme difficile, les jeunes travailleurs ne consentiraient jamais à un rabais sur des journées qui ne sont jamais assez fortes pour l'accorder.

Ce tarif servirait en même temps de base à celui de fourniture ; à cet effet l'on adjoindrait aux patrons du premier travail une commission d'hommes compétents, désignés par le citoyen ministre des travaux publics, qui établiraient les prix à allouer aux travaux d'entrepreneurs.

Tous les ans, une commission désignée réviserait ces prix en rapport aux variantes des bois.

Quelques confrères ont observé la suggestion qu'il y aurait à se servir du tarif à façon. Nous pensons qu'on se crée des embarras plus grands qu'ils ne sont, et que l'on serait bientôt familiarisé avec ce travail ; car, que l'on occupe des hommes à la journée ou aux pièces, i faudra toujours un tarif pour les apprécier ; n'est-ce pas le seul moyen d'être équitable pour tous et obvier aux prétentions plus ou moins exagérées des partisans de l'égalité des salaires, moyen très rationnel pour les paresseux ?

Des Livrets.

Une des causes de la ruine des entrepreneurs et des rabais qu'ils ont été forcés de faire, c'est la concurrence inique que de certains constructeurs généraux font aux patentables, ou, sous le titre de propriétaires, occupent les ouvriers et jouissent impunément du salaire que l'on peut faire, n'ayant aucune patente à payer. Nous demandons que d'une part le propriétaire occupant des ouvriers soit forcé de payer patente, et que d'un autre côté l'ancienne loi des livrets soit mise en vigueur. De cette manière la justice serait pour tous, et le patentable ne serait pas obligé de fermer son chantier par suite d'une concurrence inique.

De la Concurrence et de l'Entreprise générale.

La principale cause de la position fâcheuse de l'industrie est dans la concurrence sans limites faite depuis plusieurs années, et que l'on doit surtout attribuer au défaut d'instruction spéciale. Beaucoup d'entrepreneurs ne se rendent pas un compte exact des prix de revient. Les uns, par ambition, envahissent toutes les affaires ; les autres, abusés par des rabais qu'ils voient faire, se laissent aller à l'exemple. Et de ces rabais excessifs, il en résulte que le seul nerf de l'industrie est la fraude et la concussion, et que beaucoup, se ruinant encore à ce jeu immoral, ont voulu chercher un nouvel aliment à leur avidité. De là a surgi l'*entreprise générale* ou pour mieux dire l'exploitation du riche et des fripons sur les nécessiteux. Voilà le vrai marchandage, celui que l'on devrait commencer à détruire ; car, en devenant la plaie de l'industriel, il a amené l'exploitation de l'ouvrier et a cumulé toutes les professions.

Pour ce métier il ne s'agit plus de capacité, mais d'être retors, de payer une seule patente pour jouir des bénéfices de toutes les autres industries.

Nous pourrions citer des quartiers de Paris élevés par ces exploiteurs de sueurs d'ouvriers et d'honneurs industriels qui sont arrivés à la fortune par cet infâme spéculation. Nous avons pensé qu'appeler votre attention sur cette concurrence sordide et dépravée suffirait pour que vous abolissiez cet état de choses, que l'on doit ranger dans un des cumuls le plus déplorable.

Des Vérificateurs.

Ici, nous avons à vous signaler les abus sans nombre que le défaut d'ordre et d'instruction spéciale dans cette profession jette dans l'entreprise.

La profession de vérificateur de bâtiment est tout indépendante et sans aucune responsabilité. Vérifier, c'est-à-dire examiner les mesures des travaux, apprécier leurs qualités et y appliquer les prix, voilà en quoi consiste la mission du vérificateur.

L'homme appelé à ces fonctions doit être honnête, probe, consciencieux et instruit; malheureusement, l'on en trouve peu , et souvent, soit ignorance ou cupidité, entrepreneurs et propriétaires sont victimes d'une foule de vérificateurs qui n'en ont guère que le nom. Le mal provient que chacun peut, en payant une patente, se mettre de cette partie comme l'on se met marchand.

L'on ne comprend pas qu'un tel état de choses ait duré si longtemps. Comment peut-on supposer qu'un jeune homme de vingt à vingt-cinq ans ait assez de capacités pour connaître toutes les professions que renferme le bâtiment, qui ne s'élèvent pas moins de seize à dix-huit, et dont quelques-unes coûtent quinze à vingt ans à un entrepreneur pour connaître sa profession? La fortune du propriétaire n'est-elle pas aussi précieuse que sa vie, et un homme qui peut ruiner un ou plusieurs autres doit-il exercer, en payant seulement un faible impôt, ce dont aujourd'hui pour la plupart se débarrassent en prenant la qualification d'architectes? N'est-il pas urgent de remédier à tant de maux?

Nous préposons qu'à l'avenir les vérificateurs subissent des thèses devant des conseils d'hommes du métier qu'ils veulent vérifier, et ne puissent exercer une ou plusieurs parties qu'après avoir été reçus ou diplômés par ces conseils.

Tout vérificateur ayant amené par sa faute un procès injuste, sera, pour la première fois, passible des frais du procès auquel il aura donné lieu, et pour récidive, rayé du tableau des vérificateurs.

Tous les mémoires devront être réglés dans les trois mois de leur remise au propriétaire, époque qui serait relatée par l'entrepreneur en tête du mémoire.

Il en résulterait pour l'avenir un immense avantage; car les vérificateurs, ainsi classés, apporteraient le bon ordre dans les affaires, éviteraient cette foule de procès qui surgissent à chaque instant, et empêcheraient, par leur instruction, la fraude de pénétrer au sein de la concurrence loyale.

Des Travaux publics.

Le gouvernement aurait bien dû, en abolissant le marchandage, montrer l'exemple; car où trouver l'exploitation, si ce n'est dans le mode appliqué aux adjudications? Quoi de plus immoral qu'une administration qui, ayant besoin de faire construire, et ayant fait dresser les plans et devis par ses employés, leur témoigne si peu de confiance, qu'elle impose aux adjudicataires un minimum inconnu qu'il faut dépasser sous peine d'être exclu des travaux. Que veut dire ces cautionnements considérables que l'on exige? N'est-ce pas là un privilége à l'argent plutôt qu'à la capacité? Les hommes de talent et de probité, mais peu fortunés, ne se trouvent-ils pas réduits à l'impuissance? Quel est aussi ce certificat signé par deux architectes des travaux du gouvernement? Signifie-t-il quelque chose? assurément non. Mais après une foule de démarches, courses onéreuses et absurdes, ne vous croyez pas quitte, quand vous avez soumissionné, et qu'à un prix déplorable vous avez obtenu l'adjudication; il surgit, pour l'on ne sait quels frais de timbre, d'affiches, etc., un prélèvement de 3 à 4 % sur la totalité de vos travaux, et dont on ne vous rend jamais compte. Il arrive de cette concurrence, que les plus âpres à la curée y perdent leur fortune et leur honneur, entraînant dans leur ruine les sous-traitants qui avaient foi en leurs capacités et leur probité.

Qui profite de ces scandaleux marchés? Qui spécule sur ces faillites et cette misère? L'administration!... Que sont devenus pour la plupart ces envahisseurs des plus grands travaux du règne déchu? Demandez-le au Tribunal de commerce; c'est là le livre d'or de ces messieurs!...

N'est-ce donc pas là la véritable exploitation de l'homme, et celle qui est la première à abolir? Car elle est non-seulement ruineuse pour l'industriel, elle l'est encore par contre-coup pour l'ouvrier. Ces scandaleux marchés ont amené les entrepreneurs à exiger de leurs ouvriers des rabais excessifs, et il est résulté de cette dépravation le déshonneur des uns, la ruine des autres, la misère pour tous! C'était donc au Gouvernement à détruire ce mode désastreux : aussi, notre douleur de citoyen a-t-elle été profonde quand, le 1er avril 1848, nous avons vu renouveler ces ignobles marchés et rabais de 16 %, et qui, dans certaines professions, se sont élevés à des prix beaucoup plus considérables.

L'administration sera-t-elle toujours aveugle? Ne comprendra-t-elle pas une fois que ces rabais ne sont que la conséquence de la misère publique, et que malgré le gain qu'elle croit faire, il n'est qu'illusoire, car tous les moyens frauduleux sont employés pour perdre le moins ; et qu'ainsi, trompée dans sa prévoyance, elle n'en est pas moins entachée de spéculation sur les sueurs et l'honneur de ses enfants ?

Nous proposons un nouveau mode d'adjudication ainsi conçu :

L'administration ayant fait étudier des travaux par des hommes spéciaux, tant pour les projets que les devis, les exposera dans un lieu public et en donnera connaissance aux entrepreneurs par voie d'affiches, etc., etc.

Ces projets seront exposés pendant quinze jours, et chacun pourra faire ses observations sur un registre disposé à cet effet. Ces observations seront soumises à un conseil d'hommes compétents qui verront à les admettre ou à les rejeter.

Lorsque ce conseil aura prononcé en séance publique sur les réclamations, conservé ou modifié le cahier des charges, il sera procédé par la voie du sort à l'adjudication.

Tous les entrepreneurs seront admis, s'ils le demandent, à concourir à ces travaux, sauf ceux qui auraient failli à l'honneur ; et à cet effet, chaque entrepreneur désirant concourir devra inscrire son nom, sa profession et sa demeure sur le registre d'observations désigné plus haut. Le jour de l'adjudication, les noms inscrits n'ayant aucun motif de rejet seront déposés dans une urne, et l'adjudication aura lieu par la voie du sort.

Tout entrepreneur ne pourra soumissionner que les travaux de sa partie ; il ne pourra céder ni faire faire par d'autres ces travaux. Celui reconnu ayant cédé tout ou partie de son adjudication, sera à tout jamais rayé des travaux publics.

Tout entrepreneur pourra renoncer à une affaire qui lui serait échue séance tenante, et le sort en désignerait immédiatement un autre.

Les travaux terminés seront réglés par des vérificateurs spéciaux qui les auront surveillés, et, les ayant appréciés, pourront les régler équitablement et suivant les prix de la corporation dont il a été parlé plus haut.

Tous les travaux devront être fractionnés en plusieurs lots et le plus possible, à seule fin d'employer le plus d'entrepreneurs, dont l'émulation ne pourra qu'être profitable à l'administration.

Il en sera de même des travaux d'entretien, dont le cumul est déplorable, étant entre les mains aujourd'hui d'un petit nombre d'élus. Ces travaux seraient adjugés pour deux ans par la même voie que les travaux neufs.

Serait exclu à tout jamais des travaux publics, tout entrepreneur convaincu de fraude quelconque, n'ayant plus d'insuffisance de prix à faire valoir.

Ce mode, appliqué généralement à tous les travaux publics de ministères et hospices, serait d'un excellent effet sur l'esprit de la population, disposée toujours à suivre l'impulsion du gouvernement, et abolirait par le fait cette concurrence vénale instituée par l'ancien pouvoir.

Privilége d'Entrepreneurs.

Une des plus graves questions est celle-ci. Il ne nous appartient pas de réviser notre code; nous nous contenterons de signaler un abus et d'en demander la répression.

Le privilége d'entrepreneur existe bien déjà au Code civil, art. 2183, mais il entraîne une perte de temps, de frais d'experts et de taxes, qui fait que souvent la chose n'existe plus ou est détériorée quand vous êtes en mesure; d'un autre côté, la demande au propriétaire est toujours délicate à faire. C'est donc pour remédier à ces inconvénients que nous demandons qu'à l'avenir l'entrepreneur soit, sans aucune espèce de frais, privilégié des travaux de toute nature qu'il aura pu fournir, et prenne rang d'inscription après le propriétaire du sol; chacun sera garanti au marc le franc de la valeur qui lui sera due. Il est de toute justice que ceux qui par leurs travaux ont fait augmenter la propriété, ne soient pas exposés à perdre le fruit de leur labeur, ce qui, malheureusement, est trop souvent arrivé dans ces temps derniers.

De la Révision de la Loi des faillites.

Qu'une loi sévère sur les faillites seconde ce mouvement, réprime la fraude; car il est certain que la plupart de ceux qui font à si bas prix ne se préoccupent aucunement de leurs sous-traitants, comptant toujours se sauver pendant l'exécution par des moyens frauduleux, si cela est possible; et dans le cas contraire, en sont quittes pour ne pas payer leurs fournisseurs.

Si une enquête sévère était faite et que l'on recherchât la cause vraie de la catastrophe, on forcerait la fraude dans ses derniers retranchements, et l'on découvrirait les vrais coupables.

On doit distinguer dans les faillites trois catégories : 1° les malheureux; 2° les incapables; 3° enfin les fripons.

Aux premiers, un État moral doit voler à leur secours, les aider et les soutenir; aux seconds, l'exclusion à tout jamais de ne pouvoir être entrepreneurs, car par incurie ou incapacité ils ont entraîné dans leur ruine les gens qui avaient eu confiance dans leur talent et leur probité; aux derniers, la rigueur des lois, car c'est là la véritable plaie de toute société, la cause de toute désorganisation, car la plupart sont partisans zélés de tout bouleversement.

Nous terminons, Citoyens, par un résumé succinct des réclamations que nous avons l'honneur de vous adresser.

1° Nous demandons pour nos ouvriers l'augmentation de la journée, la liberté du travail, et, pour arriver à ce but, la création des tarifs de façon et fournitures, qui mettent l'ouvrier à l'abri de l'exploitation, et le rétribue, ainsi que le patron, d'une façon équitable;

2° La remise en vigueur de la loi des livrets, l'abolition de l'entreprise générale, c'est-à-dire de la véritable exploitation, cumul sordide, principal agent de cette concurrence inique qui écrase la masse au profit de quelques-uns;

3° La création de vérificateurs spéciaux, à seule fin d'être réglé par des gens capables, et mettre en même temps un frein aux abus de toute nature dont les entrepreneurs et propriétaires sont victimes;

4° La révision d'un mode de travaux publics plus appropriés à notre époque, car celui existant n'est posé que sur la spéculation de la misère de l'ouvrier et l'honneur des entrepreneurs;

5° La garantie des travaux de toute nature de l'entreprise, exposée malheureusement trop souvent aux piéges d'un agiotage auquel cette garantie mettrait ordre, et d'où découlent ces fortunes honteuses qui ont surgi dans ces derniers temps ;

6° Et, enfin, la révision de la loi des faillites sur des bases justes et sévères, et qui fassent distinguer l'honnête citoyen du fripon.

Voilà, Citoyens, ce qui nous a semblé devoir vous être exposé. Confiants en votre équité, nous attendons avec espoir le moment où vous rendrez à tous justice.

Agréez, Citoyens, les sentiments de fraternité avec lesquels nous nous disons,

Vos tous dévoués Concitoyens.

Les délégués de la menuiserie de Paris,

BÉRARD, rue Bréda, 22.
ROINVILLE, rue de la Montagne-Sainte-Geneviève, 29.
DIDIER, St-Germain-l'Auxerrois, 66.

Les Commissaires ,

FINOT, faubourg Saint-Denis, 85.
BESSON, rue Bellefond, 6.
MABILLE, rue Saint-Sauveur, 11.
MAZET, rue Vanneau, 21.
CHINEAU, rue Mouffetard, 172.
VISEUR, rue Pétrelle, 5.
DAIRASSE, faubourg Saint-Denis, 53.
LACAU, rue de la Planchette, 4.
MARTIN, rue Mondétour, 24.
KULA, rue du Rocher, 34.
NAUDÉ, rue de Condé, 34.
FRENAIS, rue des Magasins, 6.
HARET, rue de Bruxelles.
JOHA, rue des Fossés-Saint-Marcel, 44.
ROUSSEL, rue de l'Université, 6.

FLAMANT, rue du Port-Royal, 1.
GILET, rue du Centre-Beaujon.
BONNET, rue de Nemours, 9.
SIMONNET, rue Princesse, 8.
MILLON, faubourg Saint-Martin, 145.
COTTON, rue Montorgueil, 51.
THIRIOT, rue Grégoire-de-Tours, 11.
MOREAU, rue Grange-aux-Belles, 61.
BARDEL, rue Gracieuse, 15.
LEBLANC, rue Saint-Victor, 149.
PORTAIL, rue des Anglais, 7.
LEFÈVRE, rue Saint-Avoye, 58.
LORAIN, rue Saint-Jacques, 328.
COLLIN, rue de la Victoire, 2.
BOURGEOIS, rue Saint-Victor,

www.ingramcontent.com/pod-product-compliance
Lightning Source LLC
Chambersburg PA
CBHW061204050726
47594CB00008B/3566

www.ingramcontent.com/pod-product-compliance
Lightning Source LLC
Chambersburg PA
CBHW071407030726
47594CB00006B/2360